DE

L'IMMIGRATION

AUX COLONIES.

PARIS

IMPRIMERIE CENTRALE DE NAPOLÉON CHAIX ET Cᵉ

Rue Bergère, 20

1859

DE
L'IMMIGRATION

AUX COLONIES.

I

Dans un petit traité de morale pratique que chacun connaît, la *Science du bonhomme Richard*, nous lisons cette pensée : « Pour un pauvre on compte cent indigents. » Cette maxime, d'une vérité constante, trouve surtout son application dans ce pays, où la propriété expire de ses besoins, dans cette question qui accuse le manque de bras au milieu d'une opulente population.

En effet, quand nous répétons à chaque instant que les cultivateurs font défaut à l'agriculture, nous ne voulons pas dire que la colonie soit dépourvue d'ouvriers ; ce serait une grande erreur, car si les bras manquent à la production, les bouches ne manquent pas à la consommation. La Martinique est un des pays les plus peuplés du globe ; il n'est ni long ni difficile de le prouver.

L'Europe, c'est un fait incontestable, est la plus peuplée des cinq parties du monde, c'est-à-dire celle qui, sur une surface donnée, possède le plus grand nombre d'habitants. Des divers États de l'Europe, la Belgique, l'Angleterre et la France sont ceux dont les populations sont les plus denses. En Belgique, la moyenne est de 71 habitants par 100 hectares de terre ; en Angleterre, elle est de 70 ;

1859

en France de 69 ; le calcul est facile à faire : 36,000,000 d'hommes pour 52,000,000 d'hectares en superficie. La Martinique, sur 98,782 hectares de terre, nourrit 136,683 habitants ; donc elle porte en moyenne, 138 habitants par 100 hectares : juste le double de la France, presque le double aussi de la Belgique et de l'Angleterre ; plus que le double de l'Allemagne, États qui, tous, fournissent de nombreux convois à cette énorme émigration européenne qui va peupler les immenses territoires de l'Orégon et de la Californie, de l'Australie et de l'Amérique du Sud. Il n'est donc pas vrai de dire absolument que nous manquions de bras, puisque nous serions en mesure de fournir aussi notre contingent aux déserts de l'ouest et du sud de notre continent. Ce qu'il est vrai de dire, c'est que nous manquons de bras utiles. Et pourquoi cette indigence au milieu de la richesse ? L'indigence dans la richesse accuse toujours un vice ; cherchons quel est ce vice : cette découverte nous guidera peut-être dans le choix des travailleurs que nous demandons à l'immigration.

On a dit et l'on répète chaque jour que notre population ouvrière déserte la grande culture, parce que son inclination la porte vers la petite propriété : c'est encore là une erreur, au moins dans les termes ; car s'il est vrai de reconnaitre que nos cultivateurs abandonnent les grandes propriétés pour les petites, on ne peut méconnaitre la nature de cette tendance, pour peu que l'on soit habitué à voir et à raisonner. Ce n'est certainement pas l'amour de la petite culture, à moins que l'on n'entende par là la culture infinitésime ; car le prix de la farine de manioc, qui est le prix régulateur pour les denrées alimentaires de notre sol, loin d'avoir diminué, a augmenté au contraire. Avant l'émancipation, le prix moyen de la farine de manioc était de 5 fr. pour la mesure usuelle de 14 doubles litres sur nos marchés. Depuis l'émancipation, le prix moyen est de 7 fr. ; et en faisant la part des circonstances qui ont imprimé un mouvement ascensionnel aux cours de toutes les denrées, il n'en demeure pas moins constant que la petite culture rend moins ou ne rend pas plus qu'avant l'émancipation.

Ainsi, il faut chercher ailleurs le motif qui dirige les déserteurs de la grande propriété. Mais il n'est pas besoin de chercher long-temps. Ce qui les repousse d'une part, c'est l'ordre, le travail régulier, la discipline, qui doivent nécessairement régner sur la grande propriété ; ce qui les attire de l'autre part, c'est l'affranchissement de toute sujétion, la libération de tout travail pénible, l'absence de toute règle gênante, la faculté de jouer et de danser toute la nuit ; de dormir et de se promener tout le jour. Pour eux, le travail régulier, le vrai travail, c'est l'esclavage ; la liberté, c'est le droit de vivre sans travailler. Voilà donc la cause de cette désertion que nous déplorons : un vice et un préjugé. Le vice, la paresse : la paresse qui affecte plus ou moins tous les peuples habitant entre les tropiques, mais particulièrement les peuples de l'Afrique ; le préjugé, l'idée que le travail des champs est le signe et le partage de la servitude, idée fatale dont est tellement imbue la race noire, que les peuplades de l'intérieur de l'Afrique sont généralement restées à l'état de peuples chasseurs ; elles n'ont pas encore fait vers la civilisation ce premier pas qui conduit les peuples chasseurs à l'état de peuples pasteurs. Chez elles, tous les travaux nécessaires à la conservation de la vie se font par les esclaves ou par les femmes tenues sous le régime de la servitude. De là, ce mépris souverain pour tous ceux qui se livrent aux travaux de la culture et aux soins domestiques.

Des sources du Niger aux sources du Nil, la dignité de l'homme consiste à ne toucher d'autres instruments que les armes ; sa profession, à faire la chasse pour se procurer la nourriture, à faire la guerre pour se procurer des esclaves.

Cette race vit ainsi de temps immémorial ; car, comme l'a dit fort sensément un des membres de notre Conseil général : « *La nature africaine n'a pas changé ; l'Afrique n'a pas fait un pas.* »

En vain les Romains en ont possédé, pendant plus de 700 ans, toute la partie septentrionale, dont ils avaient fait le grenier de Rome, en y fondant, après le Christianisme, plus de chrétientés que les Gaules et l'Ibérie réunies ne comptaient alors d'églises ; en vain les Arabes, par l'est et par le nord, l'ont parcourue, menant, comme en triomphe, les dépouilles de la science et de la philosophie ; les écrits d'Aristote, d'Avicenne, d'Averrhoès ; l'arithmétique, l'astronomie, la géométrie et la médecine ; en vain, les Français, dès le xive siècle, les Portugais dès le xve, y ont pénétré par l'ouest et par le sud, y ont établi des comptoirs, formé des colonies, envoyé des missionnaires, entretenu des relations qui subsistent jusqu'à ce jour ; l'Afrique est restée mystérieusement et fatalement fermée à la civilisation.

Cependant, selon l'expression d'un poëte ancien :

Ægyptum docuit Babylon, Ægyptum Achiros.

L'Inde instruisit l'Égypte, et l'Égypte la Grèce. C'est d'un petit pays de l'Afrique, de l'Egypte éclairée par l'antique Chaldée, que partit la lumière qui fit briller la Grèce d'un vif éclat, et se répandit sur le reste du monde. Mais l'Égypte, qui fut pour nous le berceau des sciences, des arts et du commerce, n'a rien, ou presque rien conservé qui rappelle aux savants le souvenir de sa grandeur passée. C'est que l'Afrique est comme le domaine privé de la barbarie ; c'est que cette terre est rebelle à toute idée de sociabilité ; que là tout ce qui a été un instant en contact avec la civilisation, retourne forcément dans l'état de sa nature primitive.

L'histoire de l'Egypte est l'histoire du prince Aniaba, fils du roitelet de Suida, élevé par Louis XIV, admis dans ses armées comme officier, comblé de ses bienfaits, et qui à peine retourné en Guinée, reprit les vêtements, les usages grossiers, les mœurs dissolues de son pays, et oubliant en même temps les enseignements et la reconnaissance qu'il devait à la France, s'allia avec ses ennemis, conspira contre ses intérêts :

Chassez le naturel, il revient au galop.

Le naturel de l'Africain, qui revient au galop de ses passions farouches et indomptées, quelqu'un d'entre vous a-t-il besoin d'apprendre à le connaître ? qu'il écoute :

« On voit quelques-uns de ces infortunés, ceux de Mina surtout,
» terminer fièrement leur vie, avec la persuasion qu'après leur
» mort, ils renaîtront dans leur patrie, qu'ils croient le plus beau
» pays du monde. L'esprit de vengeance fournit à d'autres des res-

» sources plus destructives encore. Instruits dès l'enfance dans l'art
» des poisons qui naissent, pour ainsi dire, sous leurs mains, ils
» les emploient à faire périr les bœufs, les chevaux, les mulets,
» les compagnons de leur esclavage, tous êtres qui servent à l'ex-
» ploitation des terres de leurs oppresseurs.

» Pour écarter loin d'eux tous les soupçons, ils essaient leurs
» cruautés sur leurs femmes, leurs enfants, leurs maîtresses, sur
» tout ce qu'ils ont de plus cher. Ils goûtent dans ce projet affreux
» de désespoir, le double plaisir de délivrer leur espèce d'un joug
» plus horrible que la mort, et de laisser leurs tyrans dans un état
» de misère qui les rapproche de leur état. La crainte des sup-
» plices ne les arrête point. Il entre rarement dans leur caractère
» de prévoir l'avenir ; et d'ailleurs, ils sont bien assurés de tenir
» le secret de leur crime à l'épreuve des tortures. Par une de ces
» contrariétés inexplicables du cœur humain, mais communes à
» tous les peuples civilisés ou sauvages, on voit les nègres allier à
» leur poltronnerie naturelle, une fermeté inébranlable. La même
» organisation qui les soumet à la servitude, par la paresse de
» l'esprit et le relâchement des fibres, leur donne une vigueur,
» un courage inouïs pour un effort extraordinaire : lâches toute
» leur vie, héros pour un moment. »
Voici un second tableau d'une couleur moins sombre :
« Les organes des nègres sont singulièrement sensibles à la puis-
» sance de la musique ; leur oreille est si juste que, dans leurs
» danses, la mesure d'une chanson les fait sauter et retomber cent
» à la fois, frappant la terre d'un seul coup ; suspendus, pour ainsi
» dire, à la voix d'un chanteur, à la corde d'un instrument, une
» vibration de l'air est l'âme de tous ces corps ; un son les agite,
» les enlève, les précipite. Ils ne font rien qu'en chantant, rien
» sans avoir l'air de danser ; leurs mouvements sont toujours en
» cadence. On voit sur tous les muscles de leurs corps l'expression
» de cette extrême sensibilité pour l'harmonie. Un objet, un événe-
» ment frappe un nègre, il en fait aussitôt le sujet d'une chanson.
» Trois ou quatre paroles, cinq ou six mesures, qui se répètent al-
» ternativement, forment tout leur poëme. »

Ces deux tableaux, dont le dernier surtout est d'une frappante vérité, sont tracés par la main d'un maître non suspect dans cette occasion ; car il est connu pour n'être ni l'ennemi des noirs, ni l'ami des colons : l'abbé Raynal.

II

Ce portrait si fidèle reproduit d'une manière tellement exacte la physionomie des noirs créolisés que l'on pourrait soupçonner qu'il s'applique aux nègres des colonies plutôt qu'aux nègres de la Guinée. Eh bien , écoutez encore ce voyageur :

« Il remarqua sur sa flotte que le jour il régnait sur le continent
» un vaste silence ; que la nuit on entendait les sons de divers ins-
» truments de musique, et qu'on voyait partout des feux, les uns
» plus grands, les autres moindres. »

Ce voyageur, ce n'est ni Coke, ni Bougainville, ce n'est même ni Vasco de Gama, ni Barthélemy Dias, ni Guillaume de Béthencourt, leur devancier : c'est le Carthaginois Hannon, qui vint sur les côtes occidentales d'Afrique dans le ive siècle avant l'ère vulgaire.

Voulez-vous maintenant entendre un contradicteur qui ne croyait pas au voyage d'Hannon : « *Noctibus micare crebris ignibus, tibia-* » *rum cantu, tympanorumque sonitu strepere ; neminem interdiù* » *cerni.* »

C'est Pline qui s'exprime ainsi à propos du mont Atlas, et le récit du Romain est presque la traduction mot à mot du Carthaginois ; ils sont d'accord sur ce point.

Tros Rutilusve fuat, nullum descrimen habebit : soit Rutule ou Troyen, aucune différence. Cette peinture est encore si vraie, que nous la croirions prise sur nature, à la Martinique, au bruit de ces bamboulas nocturnes qui font incessamment résonner nos mornes les plus retirés, à la lueur des torches résineuses du gommier ; et il nous semble lire un de ces rapports éplorés de nos comités agricoles, ces patriciats de notre république industrielle, signalant la retraite de notre population sur le mont peu sacré de nos pitons, où elle attend encore son Ménénius. Je doute qu'il ait autant de succès que son prédécesseur, surtout si l'apologue débute ainsi :

> Travaillez, prenez de la peine,
> C'est le fonds qui manque le moins.

Mais, assure notre maître en apologue :

> . . . . Quoi qu'on fasse,
> Propos, conseil, enseignement,
> Rien ne change un tempérament.

Celui du nègre a donc toujours été ce qu'il est, et sera toujours ce qu'il a été ; en voulez-vous une nouvelle marque ? je n'ai que quelques feuillets à tourner :

« La jalousie des rangs est la plus forte passion de ces peuples, » naturellement paisibles. Tout est étiquette, et à la cour des princes » et dans les relations privées. Au moindre événement, on vole chez » ses amis, ou pour les féliciter ou pour s'affliger avec eux ; un » mariage est le sujet de trois mois de visites ; les obsèques d'un » homme en crédit durent quelquefois deux ans ; les gens qui te- » naient à lui par quelque lien, promènent partout et longtemps » ses tristes restes ; la troupe grossit dans la marche, et personne » ne se retire qu'on n'ait déposé le cadavre dans le tombeau, avec » toutes les démonstrations de la plus vive douleur. Un goût si dé- » cidé pour les cérémonies s'est trouvé favorable aux superstitions, » et la superstition favorise l'indolence. Dans ces contrées, la terre, » assez fertile pour n'avoir pas besoin d'un grand travail, n'est cul- » tivée que par des femmes, que la servitude ou l'indigence con- » damnent à ce labeur ; les esclaves mâles ou les hommes libres, » mais pauvres, s'occupent de la chasse ou de la pêche, ou sont em- » ployés à grossir le cortége des hommes en place. »

Ici l'auteur, un des plus grands négrophiles que compte la philanthropie spéculative, avertit le lecteur que ces usages sont propres à tous les peuples de la Guinée, parce que moins les hommes s'éloignent de la nature, plus ils se ressemblent.

Ainsi plus nous puiserons à cette source d'où découle notre population, plus nous grossirons le flot qui la porte vers les bois.

Ici encore, je tourne la page et je lis :

« Les premières impressions que reçoivent les Africains dans le » Nouveau-Monde, les déterminent vers de bonnes ou de mauvaises » qualités, des *expériences répétées ne permettent pas d'en douter;* » *ils prennent insensiblement l'esprit, les affections de l'atelier où* » *ils sont fixés.* »

Nous ne pouvons donc nous permettre d'en douter : en portant à la Martinique dix mille Africains, nous aurons, au lieu de quatre-vingt, quatre-vingt dix mille vagabonds, demi-vagabonds, fainéants, ou cultivateurs faisant de la fantaisie en agriculture, aux heures d'inspiration ; mais nous n'ajouterons pas deux cents bons travailleurs au petit nombre de ceux que nous conservons encore.

Puisque nous ne pouvons changer le *tempérament* des hommes, et que *propos, conseil, enseignement,* nous avons déjà tout épuisé sans rien obtenir, ne nous adressons plus aux gens de même nature, ayant la même paresse originelle, le même préjugé contre les travaux champêtres, portant parmi nous des dispositions telles qu'ils prennent immédiatement *l'esprit, les affections* de nos noirs créoles. Cherchons un *tempérament* tout autre, un caractère différent, des mœurs contraires, des tendances opposées, des inclinations qui portent vers la vie des nations policées, plutôt que vers la vie des nations sauvages. Mais pourquoi chercher ? Nous avons sous les yeux, sous la main, des gens que nous expérimentons depuis près de cinq ans, qui ont réussi chez nous au delà de nos espérances, en qui nous avons trouvé des hommes doux, dociles, soumis aux règles de la discipline, comprenant et observant les nécessités d'un ordre régulier de culture et de fabrication, de bons, de vrais travailleurs, déjà éprouvés et appréciés ailleurs : les Indiens, que les Anglais, nos maîtres en choses coloniales, ont préférés aux Africains, après expérience, et dont ils ont doté la Trinidad, pour son salut, et l'île Maurice, pour son bonheur ; les Indiens, que nos compatriotes, les habitants de la Réunion, sont allés chercher bien loin, quand ils avaient tout près d'eux les Malgaches et les autres naturels des côtes orientales de l'Afrique, les moins barbares de ces peuples noirs, parce qu'ils ont reçu un premier degré de civilisation par le mélange de la race arabe; les Indiens enfin, qui procureront certainement à la Martinique la même prospérité qu'à la Réunion; car les conditions de climat et de température sont les mêmes, l'occupation est la même et le régime alimentaire le même.

Nous avons pour garanties, outre le résultat acquis dans les colonies dont je viens de parler et la docilité de leur caractère, des principes religieux, dont sont totalement privées les tribus les moins barbares de la Guinée, principes religieux d'autant plus forts, qu'ils viennent de plus loin dans la profonde obscurité des âges.

Dans tout l'Indoustan, les lois politiques, les usages, les manières même font une partie de la religion; parce que tout vient de Brahma, interprète de la divinité, auteur des livres sacrés, grand législateur de l'Inde. C'est de lui que les Indiens tiennent cette vénération religieuse qu'ils ont encore pour les trois grands fleuves de l'Indostan, l'Indus, le Krisnah et le Gange. C'est lui, ce qui vaut mieux pour nous, qui a rendu sacré l'animal le plus nécessaire à la culture des terres, et la vache dont le lait est une nourriture si saine dans les pays chauds.

C'est à lui qu'on attribue l'origine des tribus ou castes qui divisent la nation, et qui sont profondément séparées les unes des autres par des distinctions créées par la politique et la religion.

Il y a quatre classes : celle des prêtres, celle des guerriers, celle des laboureurs et celle des artisans. Nous n'avons pas à nous occuper des deux premières.

« La troisième classe, dit l'abbé Raynal, est celle de tous les » hommes qui cultivent la terre; il y a peu de pays où ils méritent » plus la reconnaissance de leurs concitoyens. Ils sont laborieux, » industrieux; ils entendent parfaitement la manière de diviser les » eaux et de donner à la terre brûlante qu'ils habitent, toute la fer- » tilité dont elle est susceptible. Ils sont dans l'Inde ce qu'ils seraient » partout, les plus honnêtes gens et les plus vertueux des hommes. »

La tribu des artisans se subdivise en autant de classes qu'il y a de métiers. On ne peut jamais quitter le métier de ses parents : voilà pourquoi l'industrie et l'esclavage s'y sont perpétués ensemble et de concert, et y ont conduit les arts au degré où ils peuvent atteindre, lorsqu'ils n'ont pas le secours du goût et de l'imagination. Outre ces tribus, il y en a une cinquième, qui est le rebut de toutes les autres, et qui est dévouée aux emplois les plus vils de la société : c'est la classe des parias.

L'auteur de l'*Essai sur les mœurs* rend le même témoignage.

« La peine des hommes, dit-il, est moins payée dans ce pays, le
» plus riche de la terre, parce que dans tout pays le prix des jour-
» naliers ne passe guère leur subsistance et leur vêtement. L'ex-
» trême fertilité de la terre des Indes, et la chaleur du climat, font
» que cette subsistance et ce vêtement ne coûtent presque rien. Ces
» primitifs Indiens, que nous nommons Gentons (gentils) sont dans
» le Mogol au nombre de cent millions. Cette multitude est une fatale
» preuve que le grand nombre est facilement subjugué par le petit.
» Ces innombrables troupeaux de Gentons qui cédèrent leur liberté
» à quelques hordes de brigands, ne cédèrent pourtant pas leur reli-
» gion ni leurs usages ; ils ont conservé cette antique religion de
» Brahma. Leurs quatre anciennes castes subsistent encore dans toute
» la rigueur de la loi qui les sépare les unes des autres, et dans
» toute l'énergie des vieux préjugés fortifiés par tant de siècles. On
» sait que la première classe est celle des brahmes, qui gouvernèrent
» autrefois l'empire ; la seconde est celle des guerriers ; la troisième,
» celle des agriculteurs ; la quatrième, celle des marchands et des
» artisans.

» On ne compte point celle des parias ou hallacors, chargés des
» plus vils offices : ils sont regardés comme impurs ; ils se re-
» gardent eux-mêmes comme tels, et n'oseraient jamais manger
» avec un homme d'une autre caste, ni le toucher, ni même s'ap-
» procher de lui. Les traits les plus caractéristiques de leur religion
» sont une abstinence rigoureuse, une patience sans exemple, l'hor-
» reur de l'effusion du sang, la charité constante envers les hommes
» et envers les animaux, avec une complète tolérance pour d'autres
» principes religieux que les leurs, formulée dans cette admirable,
» profession de foi, que *Dieu ne demande de nous que la charité et*

» *les bonnes œuvres ;* ils ont cependant l'enthousiasme de leur re-
» ligion, comme s'ils la croyaient la seule vraie. »

III.

Ainsi, nous avons à nous prononcer pour des peuplades sauvages,
provenant d'une terre éternellement vouée à la barbarie, ou en faveur d'une race douce, élevée dans une patrie qui est l'antique berceau de la civilisation, qui est riche des monuments les plus anciens
des arts, des sciences et des lettres ; à opter entre des êtres sans
aucun sentiment religieux bien défini, livrés au plus grossier
fétichisme, aux plus ridicules superstitions, adorant des serpents,
des crocodiles ou d'autres monstres ; ayant foi aux grigris, origine
de nos *piailles* et de nos *quimbois ;* ou bien à des hommes profondément pénétrés des sentiments religieux, pour lesquels quelques-
uns ont renoncé à leur patrie, et qu'ils conservent pleins de force
depuis des milliers d'années ; qui, par devoir de conscience, s'atta-
chent à la condition dans laquelle ils sont nés et à la profession
de leurs parents. Nous avons à nous décider ou pour ces belliqueux
Dahométiens, surnommés les Spartiates de l'Afrique, ces terribles
Askantès qui ont tenu un moment la puissance anglaise en échec,
qui dédaignent le travail des champs, comme étant le partage des
femmes esclaves, et disent fièrement que leurs corps ne sont pas ac-
coutumés à se courber et à s'incliner vers la terre pour la défricher ;
ou pour ces humbles Gentons, soumis avec résignation à tous les
maîtres que leur impose le sort, et non-seulement cultivant la terre
avec patience et intelligence, mais s'acquittant de plusieurs fonc-
tions qui dans nos usages sont dévolues aux femmes. Nous avons à
accorder notre préférence à ces affreuses tribus du Gabon, de Benin
et du Calabar, portant sur leurs visages couturés, cicatrisés, l'expression des farouches passions dont elles sont animées : cruelles,
sanguinaires, anthropophages quelquefois ; ou bien à ces timides
tribus du Malabar ou du Coromandel, aux traits nobles et purs, à

la physionomie pleine de douceur et de mélancolie, annonçant la résignation au sort que leur réservait la prédestination ; sobres, patientes, charitables aux humains, compatissantes envers les animaux, ayant en horreur l'effusion du sang. Nous avons à nous déclarer enfin, soit en faveur des immigrants africains, qui viendront se fondre, s'incorporer avec leurs congénères, dont ils adopteront, en arrivant, l'esprit, les goûts et les habitudes ; soit en faveur des immigrants asiatiques qui n'ont aucune affinité avec la population créole et formeront toujours un élément essentiellement neutre, échappant à toute influence, à toute suggestion, à toute assimilation à la race noire, sollicités au contraire par ses instincts de sociabilité à l'exercice des arts ou de l'industrie.

La question posée en ces termes, non par moi, mais par l'ami des noirs, l'abbé Raynal lui-même, notre choix ne paraît pas faire l'ombre d'un doute.

Cependant, ai-je entendu dire, l'immigrant africain présente plusieurs avantages : 1º il est plus robuste ; 2º il s'engage pour dix ans ; 3° il ne conserve pas l'esprit de retour.

1º L'Africain est plus robuste, dit-on, et plus apte aux besoins de nos exploitations.

Acceptons cette allégation comme incontestable ; mais il est incontestable aussi que le noir créole est encore plus robuste et plus apte que l'Africain. Cette opinion est aussi celle de l'abbé Raynal, que je me plais à citer, parce que dans cette question on ne peut l'accuser de partialité ni de dénigrement à l'encontre des noirs : « Si le sentiment » ne nous trompe pas, des cultivateurs nés dans les îles mêmes » de l'Amérique, respirant toujours leur premier air, formés de » bonne heure au travail par leurs propres pères, doués d'une in- » telligence ou d'une aptitude singulière pour tous les arts, ces cul- » tivateurs devraient être préférables à des esclaves vendus, expa- » triés et toujours forcés. » Ils le sont bien évidemment. De plus, ils pourraient suffire aux besoins ; car l'indemnité ayant été répartie sur une population esclave de 74,000 âmes, si l'on y comprend les 8 ou 10,000 esclaves précédemment émancipés, on obtient un nombre d'au moins 90,000 personnes formant la classe ouvrière, et pouvant fournir au minimum 30,000 ouvriers valides, avec lesquels nous devrions produire, au plus bas, 75,000 barriques de sucre, puisque la Réunion, avec un pareil nombre d'Indiens, moins robustes, prétend-on, arrive à une production beaucoup plus considérable.

Ainsi, nous avons une population suffisante par le nombre et, par ses avantages naturels, plus propre à sa destination; et cependant nous voici agitant maintenant la question de savoir si nous ferons venir d'Afrique des travailleurs incontestablement moins appropriés à nos exploitations rurales. — Il y a donc à tenir compte de conditions autres que celles de la force physique.

2º L'Africain s'engage pour dix ans.

Ceci me rappelle une petite anecdote. Quelqu'un me disait un jour : « Il m'est arrivé de prêter sans aucune condition d'intérêt une forte » somme d'argent à un de mes amis que je croyais un parfait hon- » nête homme. Plusieurs années s'étant écoulées sans que j'enten- » disse parler de restitution, je crus devoir toucher un mot de cette » affaire à mon ami, qui, d'un air fort dégagé, me proposa de me » faire l'intérêt de l'argent à raison de dix pour cent. Je rompis à » l'instant avec cet ami, parce que je compris bien qu'il ne me ren- » drait jamais cet argent, et c'est ce qui m'advint. »

Je crains bien qu'il n'en advienne autant à ceux qui accepteront des engagements de dix ans. Autrefois, un philanthrope traitait d'*esclavage de trois ans*, le contrat des anciens engagés avec les premiers colons; que ne diraient pas les philanthropes de toute nuance qui nous environnent ? Et je ne pense pas qu'ils aient beaucoup de peine à faire admettre cette définition à des gens liés par un si long engagement, auxquels il ne sera pas difficile de faire comprendre qu'ayant contracté sous une contrainte physique et morale, leur engagement ne les oblige pas en conscience. Dès lors, quoi de plus aisé que d'annuler un pareil contrat ? A supposer que la vue de ces îles voisines, de cette mer qui ouvre de tous côtés une voie facile, de ces nombreuses embarcations garnissant nos rivages, il ne leur vienne pas à l'idée que cette terre étrangère est pour eux, comme pour les anciens esclaves, l'asile de la liberté; ils n'auront qu'à opposer à leurs engagistes la force d'inertie, ce moyen infaillible de délier, aussi bien que l'épée d'Alexandre, tous les nœuds qui lient la volonté humaine ; moyen indiqué d'ailleurs dans notre législation, puisque toute obligation de faire se résout en dommages-intérêts. Et l'Africain, bien tranquille, et pour cause, du côté de sa conscience et de sa bourse, n'aura aucun scrupule à en user largement pour rentrer dans la pleine indépendance dont il verra jouir ses congénères.

3° Il ne conserve pas l'esprit de retour.

Je l'admets sans difficulté : *ubi benè, ibi patria :* où l'on est bien, c'est la patrie.

Et où peut-il être mieux ? Ce n'est assurément pas dans le pays où il a été pris, vendu, expatrié, sous menace d'être jeté aux caïmans, sacrifié sur la tombe ou peut-être servi sur la table de son vainqueur. — Il est donc tout prêt à crier, mais dans un autre idiome, à coup sûr :

> ....Arva beata,
> *Petamus arva, divites et insulas !*

Champs heureux ! Gardons-les, ces îles fortunées !... Oui, certes, ils y trouveront leur compte, lui et les siens, mais je doute que nous y trouvions le nôtre ; car, n'ayant en vue que de prendre le plus tôt et le plus commodément possible possession d'une terre qui lui sourit, il s'étudiera à ne pas travailler, afin de nous amener, par une habile pratique du grand moyen de l'inertie, à consentir, de guerre lasse, à la résiliation de son engagement. — Pour l'immigrant, au contraire, dont le contrat est à court terme et qui conserve toujours l'esprit de retour, il travaille de son mieux, d'abord pour se faire un pécule et se justifier ainsi à ses propres yeux et aux yeux de tous les siens d'avoir abandonné son pays et sa famille, et ensuite pour ne pas prolonger par ses manquements le temps de son engagement et ne pas perdre par ses fautes le droit au rapatriement.

IV.

Mais, objecte-t-on encore, le recrutement dans l'Inde marche bien lentement; en attendant les Indiens, prenons toujours les Africains.

Il faut reconnaître qu'en effet la Compagnie maritime a été d'une lenteur désespérante dans ses opérations de recrutement.—Il en sera peut-être autrement pour la nouvelle Compagnie marseillaise, bien que la maison Maës n'ait pas été plus diligente en opérant sur la côte d'Afrique. — Mais l'enfant qui doit être un homme vigoureux chancelle à ses premiers pas; le plus grand fleuve sort d'une faible source, et toute entreprise a des commencements laborieux.—Il faut du temps pour se créer, à de telles distances, des correspondants, des agences de recrutement et pour établir un courant régulier d'immigration. — Qu'on songe bien que l'immigration européenne qui se fait aujourd'hui au profit de l'Amérique continentale sur une échelle de cent mille individus, n'a longtemps fourni que quelques centaines d'aventuriers.

Il est sage de savoir attendre dans une affaire de cette importance; il est d'une prudence vulgaire de ne pas mettre en concurrence les deux Compagnies, l'asiatique et l'africaine, parce que le marché de la dernière étant beaucoup plus avantageux à l'entreprise, aurait pour effet infaillible d'écarter sa rivale, qui n'a pas la même prime et qui est chargée du soin de traiter elle-même pour le placement de ses immigrants, tandis que la colonie, douze jours après l'arrivée des Africains, placés ou non placés, est obligée de les payer, soit en traites du Trésor, soit en espèces métalliques françaises, le tout au pair.

Enfin, il faut se dire qu'indépendamment de tous les autres avantages, l'Inde, qui a une population de 180 millions d'habitants, est une source d'immigration beaucoup plus abondante que l'Afrique, dont la population générale va à peine à 45 millions, c'est-à-dire juste le quart de celle de l'Indoustan seulement. Je m'émeus médiocrement des considérations prises de l'ordre politique de la question; mais je ne puis me dissimuler qu'il y aurait un grave inconvénient pour la colonie à augmenter dans de fortes proportions ces troupes, déjà nombreuses pour notre petit pays, d'individus qui, fuyant devant les obligations de la société et les devoirs qui placent la liberté dans la loi, vont sur les mornes d'abord, puis au fond des bois, vivre de l'indépendance des peuples sauvages. —Autrefois, dans les forêts de Surinam, dans les montagnes bleues de la Jamaïque, dans les montagnes noires de Saint-Domingue, vivaient ainsi des peuplades insoumises, qui, dans les mauvais jours, descendaient dans les plaines et commettaient des actes de brigandage.

De nos jours, les Cafres se ruent quelquefois sur la colonie du Cap comme des troupeaux de bêtes féroces, et mettent tout à feu et à sang. — Nos habitations placées au pied des bois pourraient souffrir de l'invasion de ces bandes de maraudeurs qui, la nuit, se jetant sur elles à l'improviste, les pilleraient, comme les bandes de sauterelles ou de singes qui désolent les habitations de l'Afrique.

Ainsi donc je repousse de la manière la plus exclusive l'immigration africaine, par tous les motifs que je viens d'émettre ; et ensuite parce qu'elle rappelle par trop la traite. — Si la traite se pratique encore de nos jours, il est nécessaire qu'elle se fasse telle que la faisaient nos pères, avec son cortége obligé de ceps, de chaînes, de menottes et de fers de toute espèce. *Qui veut la fin, veut les moyens.*

Nos pères, moins philanthropes dans leurs écrits, plus charitables dans leurs œuvres, ne composaient pas, il est vrai, de beaux articles de journaux, d'éloquents pamphlets sur les malheurs des pauvres captifs ; mais ils instituaient l'ordre des frères de la Merci ; ils payaient la rançon des prisonniers ; et quand l'argent leur manquait, ils prenaient quelquefois la place des pauvres captifs qu'ils renvoyaient à leurs familles.

Si, avec ces sentiments, nos pères ont pratiqué la traite des noirs avec tous les instruments de gêne de cette triste nomenclature, c'est qu'ils avaient reconnu qu'il n'y avait pas moyen de la faire autrement ; et ce qui est arrivé, dans les mers de la Chine et à Madagascar, tout dernièrement, à des bâtiments chargés d'immigrants autres que les Indiens, prouve que les moyens employés par nos pères étaient d'une cruelle nécessité.

Mais n'aimant pas *les moyens*, je n'aime pas *la fin*.

Je me sens, je l'avoue, de la vénération pour ces vieux mages et ces antiques gymnosophistes qui m'apparaissent dans le lointain des

siècles, comme les maîtres de nos premiers sages, pères de la philosophie, et instituteurs des peuples de l'Occident; j'ai, j'en conviens,
un certain amour pour cette terre des Indes de laquelle nous tenons,
nous colons, la culture de la canne, du café, du coton, de l'indigo;
et les peuples les plus éclairés de l'Europe, les uns, l'art de mettre
en œuvre la soie et le coton, les autres l'art de fabriquer les belles
porcelaines; ceux-ci l'imitation des mousselines et des étoffes brodées
du Bengale; ceux-là les procédés pour imprimer supérieurement
les toiles et préparer les magnifiques tissus de Cachemyre; je ne
me défends pas d'une certaine prédilection pour ce noble type in-
dien qui justifie au moins cette belle image du poëte :

> A l'homme, Dieu donna les traits pleins de grandeur,
> Voulut qu'il pût voir l'astre où brille sa splendeur,
> Et levât vers le ciel une tête sublime!....

Mais c'est la raison et non le sentiment qui me dicte mon opinion.

Grâce au ciel, le vieil ordre des choses a disparu des colonies, et
l'émancipation a tué du même coup et l'esclavage et ces ambitieux
de bas étage qui, cachés sous le manteau de la philanthropie, s'étaient
fait une industrie de la chasse aux colons, et vivaient à nos dé-
pens.

Ils ont disparu avec l'esclavage, qu'ils exploitaient plus profita-
blement que les colons mêmes, en justifiant une fois de plus la vérité, que les cœurs les plus impatients de la servitude deviennent
souvent les plus amoureux de la domination.

Gardons-nous de laisser renaître rien qui ressemble à l'institution,
car avec la chose reparaîtraient les hommes, comme avec la plante
l'insecte qui s'en nourrit.

Quant à moi, pour rien au monde, je ne voudrais voir revenir
ces temps où les habitants des colonies étaient en butte aux attaques
de la même sorte de gens qui aujourd'hui s'acharnent contre les
propriétaires en général, et où un honnête colon était l'objet de viru-
lentes déclamations de la nature de celle que je vais me permettre
de rappeler, non comme une menace de l'opinion publique, mais
comme une crainte salutaire de si odieuses diatribes :

« Cartouche assis au pied d'un arbre dans une forêt profonde,
» calculant la recette et la dépense de son brigandage, les récom-
» penses et les salaires de ses agents, et s'occupant avec eux d'idée
» de proportion et de justice distributive; Cartouche est-il fort dif-
» férent de l'armateur qui, courbé sur un comptoir, règle, la plume
» à la main, le nombre d'attentats qu'il peut commettre sur la côte
» de Guinée; qui examine à loisir combien chaque nègre lui coû-
» tera de fusils à livrer pour entretenir la guerre qui fournit les
» esclaves; de chaînes pour le tenir garrotté sur son vaisseau; de
» fouets pour le faire travailler; combien lui vaudra chaque goutte
» de sang dont ce nègre arrosera son habitation; si la négresse don-
» nera plus à sa terre par les travaux de ses mains que par le tra-
» vail de l'enfantement. Le voleur attaque et prend l'argent, le
» négociant prend la personne même; l'un viole les institutions so-
» ciales, l'autre viole la nature. »

Je m'arrête, car le reste est un cri de rage et de mort, d'autant
plus odieux, qu'il sort de la bouche d'un homme qui se disait philanthrope, l'abbé Raynal.

<h2 style="text-align:center">V.</h2>

DES FAITS

Il y a quelque chose de plus significatif et de plus concluant que
tous les écrits et les arguments qu'on peut invoquer contre cette dé-
testable et funeste immigration africaine, ce sont les faits dont les
uns se sont passés pendant la traversée des premiers convois, et les
autres dans la colonie même.

D'ailleurs, depuis plus d'un siècle, il s'est ouvert un compte entre
l'habitant des colonies et l'Africain, et ce compte s'est toujours
balancé au préjudice du premier par le poison, l'incendie, la ré-
volte, l'assassinat et l'évasion, et tous les jours des faits nouveaux
viennent corroborer cette accablante vérité. Nous avons dit qu'on

ne pouvait pas réunir cent Africains sur un navire sans être exposé à des révoltes et à des actes de brigandage ; le récent massacre de la *Regina Cœli* doit se présenter ici tout d'abord avec toutes ses horreurs. Voyez cette horde de 220 sauvages : on vient de les racheter de la servitude pour les transporter comme travailleurs libres dans une de nos colonies ; eh bien, dans le seul but de frustrer quelques avances qu'on leur a faites sur leur engagement, ils égorgent sans pitié treize malheureux marins français, avec tous les raffinements de la plus insigne barbarie.

Enfin, durant le trajet d'un des convois destinés à la Martinique, une rixe si grave se déclara dans l'entre-pont du navire, que le capitaine, renonçant à y mettre le holà, fut obligé de fermer les panneaux ; alors, quand on les rouvrit, un horrible spectacle s'offrit aux regards : on trouva une dizaine de cadavres, dont la plupart portaient les marques de la strangulation, procédé éminemment africain ; force fut donc, pour éviter de nouveaux désordres, de recourir aux moyens violents en usage lors de l'ancienne traite : chaînes, menottes, ceps et jambières avec accompagnement obligé de la bastonnade, etc. Voilà donc la traite rétablie avec tout son hideux cortége !

Et nous ne reculerions pas en présence de toutes les horreurs que les philanthropes de l'époque reprochaient à nos pères en termes si odieux ? Cette pensée seule me fait venir le rouge au front et l'indignation au cœur..... Quoi ! l'espoir cupide, mais toujours déçu, étouffera-t-il dans nos âmes tout sentiment de dignité ? Non, mille fois non ! Hâtons-nous de repousser loin de nous l'idée de passer encore aux yeux de notre société civilisée pour des *trafiquants de chair humaine.*

Laissons plutôt ces malheureuses populations se traîner dans la voie fatale où le ciel paraît les avoir condamnées à marcher éternellement, et songeons bien qu'en mêlant de nouveau cet élément barbare à notre population créole, nous pervertirions infailliblement ses bons instincts, qu'il faudrait au contraire s'attacher à développer par le contact d'une nature façonnée de longue main à la vie des nations policées. Il a été dit maintes et maintes fois, et prouvé de toutes les manières, que la traite a ruiné nos pères ; et cependant, les fils oublient déjà les leçons du passé, toujours avec la funeste présomption d'être plus heureux ou plus habiles.

Les faits déplorables qui viennent de se produire tout récemment sur deux habitations de la colonie, vont donner une juste idée du triste sort réservé aux malheureux propriétaires qui auront recours à l'immigration africaine.

Sur une habitation de la commune du Vauclin venaient d'arriver six Africains; l'un d'eux est atteint d'une fluxion de poitrine, il reçoit tous les soins nécessaires et rentre en convalescence; alors on le laisse errer sans méfiance autour des bâtiments; il pénètre dans la cuisine et avise une confiture de goyaves sur le feu; il lui vient à l'idée de l'assaisonner à la manière de son pays : il pulvérise du verre et profite de l'absence de la ménagère pour le répandre dans la casserole. Heureusement, pour les entrailles du propriétaire, qu'on s'en aperçoit à temps. L'Africain est arrêté et jugé pour tentative d'homicide; eh bien, ce monstre a eu l'impudence de déclarer en pleine cour d'assises : *que c'était pour fourbir son coutelas qu'il avait fait provision de ce verre pilé, et que c'était par un effet de pur hasard qu'en se promenant autour de cette casserole de confiture, ce verre pilé s'était échappé de son mouchoir.*

Autre fait dont les graves conséquences viennent d'entraîner en peu de jours la ruine d'un propriétaire de cette même commune du Vauclin, homme excellent et estimé de toute la colonie. Ce malheureux, dans la ferme conviction de faire prospérer son habitation, crut devoir renforcer le peu de bras qui lui restaient par vingt-quatre Africains. Ils paraissent d'abord remplir son espoir, quand tout à coup ils forment tous le complot de s'évader dans l'île voisine de Sainte-Lucie, dans le but de s'affranchir de tout engagement. Ils enlèvent à cet effet trois embarcations de pêche qui bordent le rivage; sept seulement peuvent gagner la pleine mer, les onze autres rentrent bon gré mal gré sur la propriété. Pendant que la gendarmerie était à la recherche des évadés, le feu se déclare dans les bâtiments de l'habitation, et dévore en peu d'instants les cases à travailleurs, deux cases à bagasses pleines de chauffage, le magasin avec les vivres qu'il contient, etc. — Voilà donc le malheureux habitant avec la ruine en perspective, et en face de nègres qui viennent de lui faire, en langage sinistrement énergique, la déclaration de ne pas vouloir séjourner plus longtemps sur sa propriété. Hélas ! il aura donc à subir les mêmes transes et les mêmes embarras que sous l'esclavage.

A Cayenne, l'évasion est devenue générale par la trop grande facilité de communication de la partie française avec les deux autres Guyanes; l'administration de cette colonie vient de le constater dans plusieurs rapports, et par ce seul fait a déclaré cette immigration presque impossible.

Enfin, n'a-t-on pas eu déjà à réprimer des tentatives d'évasion sur presque toutes les habitations de la Martinique où se trouvent des Africains ? Si, au nombre de quelques centaines seulement, ils enlèvent avec tant de persistance et d'audace tous les canots de pêche qui bordent le rivage; quand ils seront quelques milliers, ils ne craindront pas de se ruer sur les caboteurs, en massacrant les équipages, comme cela est déjà arrivé plusieurs fois dans la colonie.

Mais, malheureusement, de pareils actes ne suffisent pas encore pour servir de leçon aux imprudents propriétaires qui ont pris pour devise : *produire quand même*. Vous les voyez se faire inscrire à l'envi pour des demandes d'Africains.

L'administration vient de publier cette triste liste, sur laquelle nous avons trouvé, non sans quelque étonnement, les noms de plusieurs de nos conseillers généraux, qui, tous, s'étaient élevés contre cette immigration et l'avaient rejetée en principe ; cependant, ils se sont inscrits pour plusieurs centaines. Cela accuse, si ce n'est une grande mobilité dans les opinions, du moins la rareté déplorable de bras. — Quand on leur en parle, ils vous répondent : *Puisqu'on ne peut pas nous fournir des Indiens, que nous préférons bien certainement à tous autres travailleurs, qu'on nous donne des singes, nous les accepterons encore avec reconnaissance.*

Ces mots ne peignent-ils pas suffisamment la triste position de notre colonie ?

Cette liste de demandes de 6,000 Africains n'est donc qu'un cri de détresse.

C'est l'homme qui se noie et s'accroche à toutes les branches, même à celles qui doivent lui déchirer la main.

En vain cherchera-t-on aujourd'hui, par de nouvelles conditions décevantes, à modifier l'opinion si sage et si rationnelle du conseil général de la Martinique; quelque chose qu'on fasse, on ne changera jamais la nature des faits, ils portent avec eux toute leur éloquence.

Il y a une immigration que naturellement nous avons appelée de tous nos vœux : c'est l'immigration européenne, cet élément si essentiellement civilisateur.

Dès les premiers mois de l'émancipation nous avons, dans ce but, adressé une pétition à l'assemblée constituante et un mémoire plus explicatif à M. le ministre de la marine et des colonies; disons de suite que le gouvernement métropolitain s'est hâté de protéger cette immigration par tous les moyens possibles.

Mais, malheureusement, elle a échoué généralement par des causes qu'il serait trop long de développer ici. — Cependant, parmi les deux premiers convois de Normands et de Béarnais que nous avons reçus, se trouvaient deux jeunes enfants de dix à douze ans, qui ont réussi au delà de notre espoir : d'abord, ils se sont présentés ici à l'état d'orphelins, — considération qui domine toutes les autres; — puis, nous les avons habitués tout de suite aux vivres du pays, ce qui a facilité leur acclimatement, en les garantissant de toutes ces maladies inhérentes au climat, et que presque tous les Européens y contractent en se gorgeant de pain et de vin , — nourriture infiniment trop substantielle.

Nous avons conclu de là que dans de pareilles conditions l'immigration européenne avait des chances de réussite. — En effet, l'orphelinat de la ferme de Mettray et les divers orphelinats établis en Algérie ont offert jusqu'à présent les plus heureux résultats, et nous ne voyons pas de raison pour qu'il n'en soit pas de même aux colonies, en tenant compte, bien entendu, de l'expérience du passé; — aussi n'avons-nous pas balancé un seul instant à adresser à l'administration quelques notes assez développées sur un sujet si intéressant.

Nous restons toujours convaincu que la France, qui sent l'utilité de ses colonies, l'importance de ses deux stations navales, si admirablement situées à l'entrée du golfe du Mexique, au centre de cette Amérique dont les futures destinées vont peser d'un si grand poids sur l'Europe, comprendra aussi la nécessité d'y fortifier l'élément européen, d'assurer la prépondérance de la race française à laquelle est confié le dépôt de la civilisation et de la nationalité; car, il ne faut pas en douter, du jour où la race africaine serait maîtresse des Antilles, la nationalité française aurait disparu de notre sol, et la civilisation aurait rétrogadé jusqu'à la barbarie haïtienne.

Puissions-nous donc être assez heureux pour éclairer l'opinion de la métropole sur cette grave et vitale question de l'immigration, d'où dépend tout l'avenir de ses colonies !

XX.

Martinique, 1er juillet 1858.

IMPRIMERIE CENTRALE DE NAPOLÉON CHAIX ET C°, RUE BERGÈRE, 20. — 782